大有来头的汉字

何亚南 储泰松 编著

中国少年儿童新闻出版总社
中国少年儿童出版社
北京

图书在版编目（CIP）数据

大有来头的汉字 / 何亚南，储泰松编著 . -- 北京：中国少年儿童出版社，2024.1

（百角文库）

ISBN 978-7-5148-8437-1

Ⅰ. ①大… Ⅱ. ①何…②储… Ⅲ. ①汉字－汉语史－少儿读物 Ⅳ. ① H12-49

中国国家版本馆 CIP 数据核字（2024）第 000289 号

DAYOULAITOU DE HANZI
（百角文库）

出版发行：中国少年儿童新闻出版总社
中国少年儿童出版社

执行出版人：马兴民

丛书策划：马兴民 缪 惟	美术编辑：徐经纬
丛书统筹：何强伟 李 橦	装帧设计：徐经纬
责任编辑：纪 旭	标识设计：曹 凝
责任校对：夏明媛	封 面 图：谢雨函
责任印务：厉 静	
社　　　址：北京市朝阳区建国门外大街丙 12 号	邮政编码：100022
编 辑 部：010-57526320	总 编 室：010-57526070
发 行 部：010-57526568	官方网址：www.ccppg.cn
印刷：河北宝昌佳彩印刷有限公司	
开本：787mm×1130mm　1/32	印张：3.125
版次：2024 年 1 月第 1 版	印次：2024 年 1 月第 1 次印刷
字数：36 千字	印数：1-5000 册
ISBN 978-7-5148-8437-1	定价：12.00 元

图书出版质量投诉电话：010-57526069　电子邮箱：cbzlts@ccppg.com.cn

序

  提供高品质的读物，服务中国少年儿童健康成长，始终是中国少年儿童出版社牢牢坚守的初心使命。当前，少年儿童的阅读环境和条件发生了重大变化。新中国成立以来，很长一个时期所存在的少年儿童"没书看""有钱买不到书"的矛盾已经彻底解决，作为出版的重要细分领域，少儿出版的种类、数量、质量得到了极大提升，每年以万计数的出版物令人目不暇接。中少人一直在思考，如何帮助少年儿童解决有限课外阅读时间里的选择烦恼？能否打造出一套对少年儿童健康成长具有基础性价值的书系？基于此，"百角文库"应运而生。

  多角度，是"百角文库"的基本定位。习近平总书记在北京育英学校考察时指出，教育的根本任务是立德树人，培养德智体美劳全面发展的社会主义建设者和接班人，并强调，学生的理想信念、道德品质、知识智力、身体和心理素质等各方面的培养缺一不可。这套丛书从100种起步，涵盖文学、科普、历史、人文等内容，涉及少年儿童健康成长的全部关键领域。面向未来，这个书系还是开放的，将根据读者需求不断丰富完善内容结构。在文本的选择上，我们充分挖掘社内"沉睡的""高品质的""经过读者检验的"出版资源，保证权威性、准确性，力争高水平的出版呈现。

通识读本，是"百角文库"的主打方向。相对前沿领域，一些应知应会知识，以及建立在这个基础上的基本素养，在少年儿童成长的过程中仍然具有不可或缺的价值。这套丛书根据少年儿童的阅读习惯、认知特点、接受方式等，通俗化地讲述相关知识，不以培养"小专家""小行家"为出版追求，而是把激发少年儿童的兴趣、养成正确的思考方法作为重要目标。《畅游数学花园》《有趣的动物语言》《好大的地球》《看得懂的宇宙》……从这些图书的名字中，我们可以直接感受到这套丛书的表达主旨。我想，无论是做人、做事、做学问，这套书都会为少年儿童的成长打下坚实的底色。

中少人还有一个梦——让中国大地上每个少年儿童都能读得上、读得起优质的图书。所以，在当前激烈的市场环境下，我们依然坚持低价位。

衷心祝愿"百角文库"得到少年儿童的喜爱，成为案头必备书，也热切期盼将来会有越来越多的人说"我是读着'百角文库'长大的"。

是为序。

马兴民
2023 年 12 月

作 者 序

说到汉字,你一定不会感到陌生,因为她与我们朝夕相处。无论我们走在大街上,还是坐在学校的课堂上,抑或在家,汉字无处不在,我们的学习和生活都离不开汉字。

中华民族有着数千年的文明史,古代文化源远流长,光辉灿烂。我们的祖国之所以被公认为世界四大文明古国之一,其中汉字是不可缺少的要素之一。

汉字默默地陪伴我们汉民族经历了五六千

年的风风雨雨，她目睹并真切地记录了我们汉民族从蛮荒到文明的艰难历程，她以丰腴的乳汁滋养了祖国辉煌的古代文明，她也是华夏民族得以凝聚在一起的一个十分重要的因素。而今，汉字从遥远的过去走来，以崭新的姿态，悄无声息地与我们继续同行，携手共创华夏文化更加辉煌的明天。

汉字占有如此重要的地位，这恐怕你以前还没有意识到。是呀，我们对汉字太熟悉了，难免会"不识庐山真面目"。汉字是我们的先民集体创造的奇迹，一个个生动而精妙的汉字浓缩着汉民族先民们的思想和理念，闪烁着智慧的光芒。有关汉字的话题总是那样生动有趣、精彩纷呈。我们给小读者们献上这本书，目的是要让你们在轻松愉快中了解汉字的知识。

目 录

1 汉字产生的传说

9 结绳记事——原始记事之一

13 图画记事——原始记事之二

18 刻契记事——原始记事之三

24 汉字孕育于原始记事方法

31 世纪大发现

38 甲骨文的由来

44 金文的由来

49 甲骨文与金文的关系

54 战国时期的汉字发展

62 文字形体的第一次规范化

70 程邈与隶书

78 小篆与隶书的差异

81 楷书的形成过程

91 楷书形成后的汉字发展趋势

汉字产生的传说

汉字产生的传说很多，最富神奇色彩的要数"仓颉造字说"了。打开古书，凡说到汉字的由来，很少不提仓颉的。在汉字的发展史中，仓颉的名声可大着呢！

传说仓颉有四只眼睛。"人居然有四只眼睛！哈哈！"你肯定不相信！这的确十分奇怪、有趣。不过古书中的记载都是这样，信不信由你。

曾经有一则报道，说某国有一个人长有四只眼睛，除了前面两只与常人没有两样，后脑勺上还长了一对眼睛。奇妙的是四只眼睛都有视力。于是警察找到了他,让他专门在熙熙攘攘的大商场里抓小偷。嘿!效果奇佳。据说小偷们纷纷栽在他的手中。他的四只眼睛居然发挥了意想不到的独特作用。与这个人不同,仓颉的四只眼睛都长在前面。那么,他的四只眼睛是不是也发挥过什么奇特的作用呢?回答当然是肯定的。

要说仓颉,就得先说一下黄帝,因为仓颉与黄帝关系密切。黄帝是我们的祖先,这在我国是家喻户晓的。平时我们说到黄帝,都不自觉地会有一种神秘感。其实说穿了,黄帝就是我国原始社会的一个部落首领。传说他是一个发明家,诸如衣服、船、车等都是他发明的。在当时那种自然条件下,黄帝能利用自己的聪明才智改善人们的生活,自然就受到了人们的拥戴。

俗话说"强将手下无弱兵",可不是,仓颉就是黄帝手下的一位"强兵"。传说仓颉是黄帝的史官。后代的史官是主管文书、典籍的官员,不过当时汉字也许还没有产生,至少离形成较为完整的汉字体系相距甚远,所以他这个史官也许不会有多少或者根本就没有文书、典籍要掌管。而祭祀祝祷之类的事,恐怕倒是他经常要做的工作。黄帝是个发明家,仓颉也是。古书记载说:仓颉长有四只眼睛,很善于观察,往往能见人所未见,察人所未察。这大概是得益于比常人多两只眼睛吧!传说仓颉在观察了鸟兽行走留下的脚印痕迹以后,得到了启示,触发了灵感。不同鸟兽可以留下不同的痕迹,那不同的线条纹理的组合同样可以区分不同的事物。在这一灵感的驱使下,仓颉便冥思苦想起来，最终他取得了惊人的成就，造出了汉字。有了汉字，我们的先民就可以脱离蛮荒，进入文明的殿堂了。这是一件多么了不起的事呀！它惊动了老天和鬼神。老天得知这一消息异常开心。有了汉字，汉民族向文明社会跨出了一大步，值得庆贺。怎么庆贺呢？就给老百姓送点儿粮食吧，毕竟民以食为天嘛！于是老天巨臂一挥，铺天盖地的小米便纷纷落下。老百姓的那个高兴劲儿，当然就不必说了。老天开心，百姓欢呼，而鬼神却悲哀起来了。有了汉字，人民就会越来越聪明，求神拜鬼的现象就会日渐减少，鬼神再也不能像以前那样肆无忌惮地愚弄百姓了。好日子即将成为过去，你说鬼神能不悲从中来吗？于是一到日落，夜空中就传来鬼神呜呜的凄惨哭声。

"居然会有这种事情！哈哈！哈哈！"你

一定笑得前仰后合了。

事实上,主宰人类的天是不存在的,鬼神当然也属子虚乌有。问题是在远古时代,人们对自然世界的认识还十分幼稚。在许多现象还得不到合理解释的时候,人们就认为有一种超自然的力量主宰着人类,于是便崇拜起天来,并且信起鬼神来。仓颉造字发生在这样的社会环境中,自然就打上了那个时代的烙印,加上历代相传,不断增添夸张之辞,使得一件本来很正常的事越传越神奇,越传越高深莫测。

揭开神秘的面纱,以科学的态度去观察、分析事物,我们认为"仓颉造字说"并不真实。首先,汉字的产生经历了从无到有、由少到多、由简单到复杂的漫长过程,汉字体系不可能在黄帝时代一蹴而就,"仓颉造字说"违背了汉字产生的客观规律。其次,汉字是汉民族先民共同努力的产物，是在人们劳动和交往过程中逐渐产生的，"仓颉造字说"把创造汉字的功劳归于仓颉一人，这与实际不符。另外，说仓颉长有四只眼睛恐怕也与事实不符。就像前面说的一样，仓颉是一位观察能力特别强的人。或许就是在这一事实的基础上，后代越传越神秘，最终使仓颉变成了一位有别于常人而多长了两只眼睛的异人。这一点正巧迎合了我国古代所谓"圣人异相"（即圣人长相与众不同）的观点。

"仓颉造字说"不可信，但我们却不能说这个传说毫无意义，因为我们通过这个传说，至少可以获得三个重要的信息。

我们可以设想：汉字在产生之初，一定是零散的，杂乱的，没有系统的。这些混乱而不便使用的汉字，如果能经过一番整理加工，就能更好地发挥作用。整理加工这些汉字，必须要由知识渊博的人来承担，常人是难以胜任的。仓颉也许就是见于文献记载的第一个这样的人。这是"仓颉造字说"传达给我们的第一个重要信息。

汉字的产生具有划时代的意义，是蛮荒时代与文明社会的分水岭。所以，这是一件惊天动地的事件。"老天下小米，神鬼夜悲哭"是反映这一事件的夸张描写。这是"仓颉造字说"传达给我们的第二个信息。

汉字的产生可以追溯到黄帝时代，这个时代距离今天大约已有6000年。这是"仓颉造字说"告诉我们的第三个信息。

好了，通过上面的介绍，你一定已经初步感受到了我们每天使用的汉字沉甸甸的分量。汉字经历了大约6000年的历史发展到今天，其中凝聚了无数个"仓颉"的智慧和汗水,他们或有名或无名。不管他们有名还是无名,我们都应该铭记他们,向他们致敬。如今前人把接力棒传到了你的手中,你该怎么办?我想只要努力勤奋,也许你就是将来的"仓颉"!

结绳记事——原始记事之一

"仓颉造字说"不可信,汉字是汉民族人民集体智慧的结晶,这是不容置疑的事实。但是,我们的先民是怎样创造汉字的?从没有汉字到有汉字的过程又是怎样的呢?这些都是饶有趣味的问题,吸引着我们继续向前探究。

课堂上,你在认真听课的同时,经常会拿起笔在书本上记下些什么。如果有人问你这是做什么,你一定会很干脆地回答:"老师讲的重点内容我能不记下来吗?要不过会儿我会忘记的。"是呀,"好记性不如烂笔头",人的记性再好，总有忘事的时候。别人讲的话稍纵即逝，不记下来则很容易忘记。上课记笔记能帮助我们记住所学的知识而不至于忘记，这实际上就涉及了如何"记事"的问题。

人总要记事。记事的方法多种多样，人们可以凭记忆记事，但更多的是借助其他手段来帮助记事。我们中国人最常用来帮助记事的工具就是汉字，因为使用汉字帮助记事最方便、最管用。不过，如果你认识的汉字还不够多，还不足以凭此来帮助记事，那该怎么办呢？或者有的人根本就不认识汉字，是文盲，那又该采用什么办法来帮助记事呢？原始人面临的问题恐怕比这些还多，因为那时还没有汉字，要记事就只能另想他法。下面就让我们来考察一下原始人的记事方法，在考察的过程中，或许你便能够把握到汉字产生的脉络了。

在还没有汉字的原始时代，我们的祖先常常采用的记事手段主要有三种：一是结绳记事；二是图画记事；三是刻契记事。这三种记事方法尤其是后两种，逐步演变发展，最终推动了汉字的产生。

"既然那时还没有汉字，原始人的情况是从哪儿知道的呢？"这是你肯定要问的一个问题。的确，要回答你的问题不太容易。为了搞清这个问题，许许多多的学者专家花费了大量的精力，搜集了各种各样的资料，然后根据这些资料分析、推断，给我们大致勾勒出了从原始记事到汉字产生的过程。

首先我们来看看结绳记事。我国的一部著名古籍《周易·系辞》中说："上古结绳而治，后世圣人易之以书契。"这句话的意思是说远古的时候通过结绳记事的办法来处理事务，后代的圣人用汉字来替代这种方法。这一记载在其他古籍中也可以常常见到，如《九家易》中说古代没有文字，凡有盟约誓言之类的事，事情重大，就用绳打个大结，事情轻微，就打个小结。世界上其他人种也有用结绳的办法记事的。据说拉丁美洲的印第安人，他们采用的结绳记事方法更是达到了十分复杂的程度，为了管理绳子的结法、解法，还设有专职的结绳官呢。他们用红绳代表战争和士兵，用白绳代表和平与银子，用黄绳代表金子；单结代表10，双结代表100，等等。我们今天看这些做法会觉得十分原始，但在原始社会中，这种记事手段却是必不可少的。人类正是这样一步步地跋涉向前，从而踏进文明大门的。结绳记事虽然距离汉字的产生还很遥远，还没有直接的联系，但汉字以部分代表整体的原则却已经隐含其中了。

图画记事——原始记事之二

看过电影《小兵张嘎》以后，我们一定不会忘记其中的一个镜头：张嘎在伤愈之后，瞒着老乡，自己悄悄地寻找区小队去了。临走前，他给老乡留下了一组简单的图画，以示自己已经离去之意。在那个年代，张嘎没有机会上学，他不识字，当然也就无法用书信的方式表达自己的意思。张嘎活泼机灵，尽管他没有文化，但他想到了用图画来表情达意的办法。虽然不够精确，但大致意思还是能够生动地表示出来的。事实也的确如此，老乡一看那画，便知张嘎已经离去。

在有了文字的今天，只要是有点儿文化的，很少有人愿意弃置文字而用图画来记述一件事或说明一个道理，但在文字还没有产生的远古时代，图画却是一种不可多得的生动而形象的记事方式。

图（一）是刻在北美苏必利尔湖岩石上的《大湖石画》，画中记录了印第安人战斗的情况。图左上方的水老鹤和下中部的乌龟代表参战的部落，上方船上的短竖画代表水手和

图（一）

战士，右下方弧形下的三个圆点表示航程为三天，骑在马上的人是酋长和胜利者。

接着请再看下面一幅画，猜一下，画面记录的是什么事？

图（二）

图（二）是我国内蒙古境内扎赉诺尔出土的骨片上的一幅记事画。画面上以人为界分成两个部分：左面是一头正立的动物，接着是一张搭上箭的弓，方向直指那头动物；中间是一个人呈弯腰放箭之状；右面是一头四脚朝天的动物。很显然，这是一幅原始人狩猎的场景图。左面的那头动物是即将被猎获的对象，而右面的那头动物则代表已被捕获的猎物。人后的小圆圈可能是用来计数的。这幅记事画真可谓层次清楚，生动形象，让人看了一目了然。

少数民族在远古时代有记事画，我们汉族的先民也画过类似的记事画。请看图（三）：

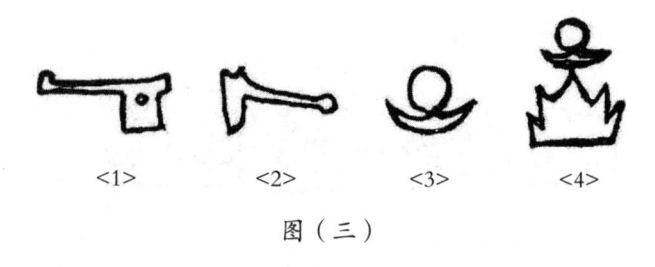

<1>　　　<2>　　　<3>　　　<4>

图（三）

这几个图形是在今天山东省境内的莒（jǔ）县陵阳河遗址中发现的，这个遗址属于大汶口文化晚期，4个象形符号都刻在同一型号的大口陶缸上。<1>、<2>大概是斧子一类的器具。<4>的下部呈高低锯齿状的是参差起伏的山峦，山的上方是飘浮的云气，云气上方是喷薄而出的太阳。与<4>相比，<3>只是省略了下部的山峰，也是一幅日出图。

对于这4个图形，不同的学者有不同的看

法，有的认为它们已是汉字，有的认为还不是。你说是不是呢？我想你肯定会说不知道。的确，这是个难以说得清的问题，在证据不足的情况下，我们暂时还是别把它们当作真正的汉字吧。不过那时汉字已经处在萌芽时期大致是可以相信的。

大汶口文化晚期距离今天大约已有4500—5000年，那时的象形符号就已引起了今人的争论，说明图画记事与早期的汉字有着非常密切的关系。

刻契记事——原始记事之三

光有图画记事还是不够的,因为有些抽象的事情是无形可画的。在人们的日常生活中,不可能事事都是具体可感的。要记录这类抽象的事,看来原始人只有另求他法了。

《列子·说符》中记载了一则笑话:"宋人有游于道,得人遗契者,归而藏之,密数其齿。告邻人曰,'吾富可待矣。'"意思是说:宋国有个人,在路上捡到了别人丢失的一样东西,这东西上面契刻了许许多多的凹齿。于是他把这东西当作宝贝一样拿回家收藏起来，并且悄悄地计数了这个东西上面的齿数："一五、一十、十五、二十……"越数他越高兴，于是神秘兮兮地告诉邻居说："我呀，富裕的日子指日可待喽！"似乎他已经是一个百万富翁了。结果呢，他什么也没有得到。如果硬要说他得到什么的话，那就是他成了流传至今的千古笑料。

"这故事好笑在哪儿？我怎么不懂？"你可能又急了。这就给你说清原委。

原来呀，古人有这么一种做法：甲向乙借了债，双方都要留个凭据。制作凭据还挺麻烦，先得找来一根木条或一块木板，在上面刻上凹痕，借得多就多刻，借得少就少刻。刻完以后将木条或木板一剖为二，借者和债主各执一半，到还债的那天，借者根据凭据物上所刻的数目还债。还毕，将自己所执的一半凭据物与债主的那一半相合，如果完全吻合，那就表示准确无误，接着双方当面将凭据物销毁。这一手续古人称为"合契"。有了这种"契"，借者自然不能赖账，债主也不能凭空多算。

有了这一交代，我们就可以回头看那个宋国人了，他所捡到的就是借者或债主所执的凭据物——契。在没有搞清捡到的是借者所执还是债主所执的那一半，他就先瞎高兴起来。殊不知如果捡到的是借者的那一半，他非但不能发财，还可能要倾家荡产。即便是债主的那一半，那他又何从知道借者在哪儿？即便知道了借者，借者又怎么会把债务还给一个不相干的人？你说这人可笑不可笑！

笑话归笑话，故事中提到的"契"却是反映了古代社会中的一种记事方法，并且是民间普遍使用的，这就是刻契记事。在木条上刻上多少不同的抽象道道，就可以表示不同的数量，这种记事方法的确与图画记事很不相同。上面所说的故事发生在汉字早已形成系统的时代，那么原始汉民族是否也曾使用过这种记事方法呢？请先看图（四）：

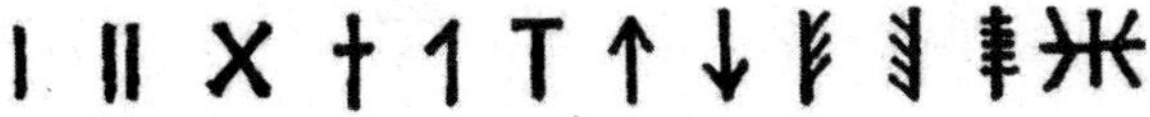

| || ||| X ✝ ↑ T ↑ ↓ ⇓ ᚔ ⋇

<1> <2> <3> <4> <5> <6> <7> <8> <9> <10> <11> <12>

图（四）

图（四）的 12 个刻画符号都见于西安半坡遗址出土的陶器上。半坡遗址是一个原始部落集居地，距离今天已有 6000—7000 年之久。这些符号大多不具有图画记事那么生动的形象性，看上去比较抽象，不太容易搞清它们要表示什么意思。图（四）<1>、<2>、<3>、<4> 与后来的金文、甲骨文中的"十""二十""五""七"等数字十分近似，因此有的学者认为它们已经是真正的汉字，但目前还没有统一的认识。不过这些符号不同于一般的花纹装饰，却是大家的共识，因为它们可以在不同陶器的同一部位看到。制陶者一定是想通过这些符号表达某种特定的意思。但是他们到底要表达什么意思，我们目前还无法知道，尚待进一步探究。

说到刻契记事，很自然地就会联想到我国古代神秘莫测的八卦。八卦起源于何时，现今无从考证。今天所能见到的有关八卦的最早典籍是《周易》。八卦由阴爻（yáo）"--"和阳爻"—"两种线形组成，三根爻线叠在一起可得到8种不同的形。

图（五）8种不同的形式就是八卦，八卦相叠又可得六十四卦。《周易》就是以此来代表宇宙间一定的事物的，如图八卦分别代表天、雷、泽、火、风、水、山、地。不管是八卦还是六十四卦，说穿了就是数学上比较简单的排列组合问题。等你学到了这一内容，就会发现这个问题太简单了，简直是小菜一碟！可放在两三千年前，这就算是十分复杂的抽象思维了。对于原始人来说，要从事这样的抽象思维活动那就简直不可思议了。我国古代传说汉字起源于八卦，你会相信吗？我想你的回答一定是否定的。是的，汉字不会起源于八卦，八卦这种抽象思维不会在汉字产生之前就形成。事实恐怕是八卦可能与原始人的计计数或刻契记事有着某种联系，是这类原始记事逐步演化而成的高级形式。

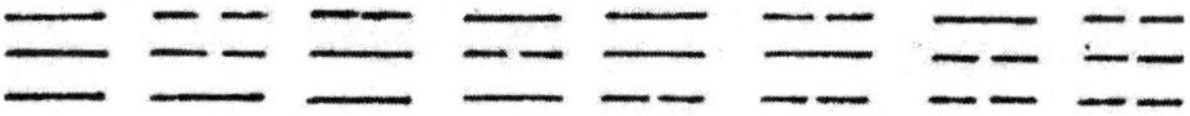

乾（天） 震（雷） 兑（泽） 离（火） 巽（风） 坎（水） 艮（山） 坤（地）

图（五）

汉字孕育于原始记事方法

没有文字的社会是蛮荒的社会,人们之间的交往会有很多障碍。原始记事方法虽然能给人们的交往或行事提供一些帮助,但它们的局限性也是显而易见的。人类不能永远徘徊于混沌的世界之中,要脱离蛮荒时代,文字是必备的条件。我们的先民不愧为伟大的人民,他们用自己的智慧为我们的民族创造出了文字,使我们的民族率先步入了文明的殿堂。汉字是目前世界上仍在使用的最为古老的文字,是我们的骄傲。

我们的先民是怎样创造出汉字来的呢？从目前的研究成果来看，原始记事方法孕育了我们的汉字，尤其是图画记事和刻契记事，恐怕是汉字的直接源头。

上文列举的大汶口文化遗址的几个图形，围绕着它们是不是汉字这个问题，学者已有不同的意见。这说明它们距离真正的汉字已经不远，另一方面也说明汉字的产生与图画记事有着十分密切的联系。请再看图（六）：

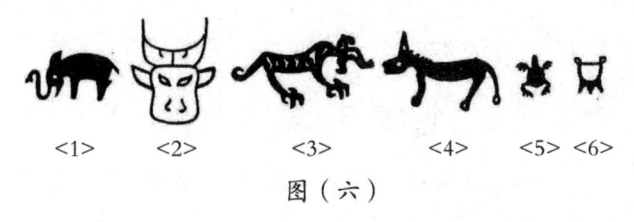

<1> <2> <3> <4> <5> <6>

图（六）

图（六）是金文中的一些徽号文字。<1>是大象的侧面图。<2>是牛头的正面图。<3>是老虎的侧面图，图中血盆大口、身上的花纹以及锋利的爪子，这些老虎具有特征性的部分描绘得十分清楚、生动。<4>是一匹马的侧面图。<5>是乌龟的俯视图。<6>是鼎的侧面图。不管是动物还是器物，图（六）反映的都是它们静止不动的图形。

文字画还有描摹行为动作的呢！

图（七）<1>是一幅砍头的场景图。瞧，大斧一挥，顿时身首两处！<2>是一幅杀猪图，下方是一只人手握着一把刀，上面是一头猪的象形，看了这幅图，我们好像可以听到猪挣扎时的尖叫声。<3>是一个人昂首持弓之形。<4>是一个人右手持戈、左手持盾之形。<5>是一个人一手持武器、一手牵倒人之形，似是

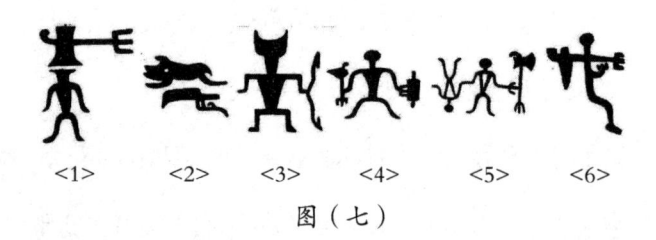

<1>　　<2>　　<3>　　<4>　　<5>　　<6>

图（七）

一个胜利者的形象。<6>是一个人荷戈之形。

图（六）、图（七）看上去都是十分生动的图画，但你可千万不要误解了，它们已与图画有着本质的不同，已经是真正的汉字了。因为它们已经与汉语中词汇的音、义紧密地结合在一起了。只要形、音、义三要素都已具备，我们就没有理由再不承认它们是汉字。

这类文字，图画性十分明显，它们大都出现在青铜器上，作为部族的标志性符号，所以人们一般将这类文字称为徽号文字。进入记录语言的文章以后，这样的文字笔画大都要进一步简化，尤其是块面笔画要大大减少。因此，这类文字与成熟的汉字还是存在着一些差别的。但不管如何，我们由此可以看出，早期的汉字与图画记事有着多么紧密的联系！

刻契记事与汉字产生的关系也许不那

么容易看清，但只要我们稍加考虑，其间的联系是不难理解的。例如汉字中的数词"一""二""三"等，它们的产生都与刻契记事有着较为密切的联系。不过比较而言，刻契记事与汉字产生的联系远没有图画记事那么明显和直接。

我们的先民就是这样，在蛮荒混沌的社会中艰难地摸索前行，终于渐渐地进入了文明的大门。从目前出土的资料看，一般认为汉字的起源大约经历了前文字阶段（原始记事方法阶段）、萌芽阶段、形成体系阶段。萌芽阶段的开端大约距离今天有6000年，这一时期在图画、刻契记事的基础上产生了一些符号，这些符号也许能记录一些语言中的单词，逐渐发展以后可以记录一点儿简单的词组或不完全的句子。当这些符号能够记录一连串的句子并能表达比较复杂的思想感情时，也就标志着汉字的完整符号体系已经形成。从时间上看，汉字的萌芽大约开始于6000年前，这时正处于原始社会向奴隶社会过渡的阶段。形成体系距离今天约4000年，这时正处于第一个奴隶制社会——夏代。

汉字的产生和形成体系，是汉民族先民集体智慧的结晶，是中华民族的骄傲。但是，西方曾一度盛行"文字一源说"，在他们眼里只有西方人能造出文字来，硬说诸如古埃及文字、印度文字以及汉字，都是从古巴比伦苏美尔文字发展出来的。试想，如果我们对汉字的发展历史没有了解、没有研究的话，就只能任凭他们胡说八道而没有反击之力了。好在我国目前汉字研究的成果，足以把那些鼓吹谬论的人驳得体无完肤！当然，有关汉字产生的过程，还有许许多多的问题尚待研究探讨，现在我们对这一过程的描述只是粗线条式的，在这根链条上还有许多空缺部分，要填补这些空白，靠他，靠我，也靠你。希望你能加入到这一行列中来。

世纪大发现

甲骨文对于你来说也许已不陌生,但甲骨文是如何发现和发掘的,恐怕你就不是很清楚了。下面就让我们来回顾一下这段充满悲欢的历史吧!

也许你很难相信,甲骨文,如此重大的考古发现,竟是源于一个偶然的机会。19世纪末期,在河南安阳小屯村这个很不起眼的地方,农民们种田时常常能刨出一些龟甲和兽骨来。由于无知,他们根本不知道这些就是商代人用以占卜的甲骨,更不知道那些甲骨上还刻有我们古老的汉字。他们认为这些兽骨之类是可以入药治病的"龙骨"。于是这些"龙骨"就被他们当作中药材卖掉，然后又在药店的碾子里变成了"药粉"。像这样被毁掉的甲骨片到底有多少，恐怕谁也无法弄清。1899年，山东潍县有个姓范的古董商，发现有的甲骨上刻有不易被察觉的文字，于是他便收集了一批有字甲骨运到京津一带贩卖。这一纯属谋利性质的商业行为，却在无意中揭开了甲骨文价值被人真正认识的序幕。那些有字的甲骨首先引起了金石学家王懿（yì）荣等人的重视，王氏率先高价收购，并且按字论价，在短短的一年左右的时间里，他就搜集了1500片甲骨。

在王懿荣高价收购甲骨片的时候，我们的祖国还处在腐败无能的清政府统治之下。当时的政府自顾不暇，根本无心于无价国宝甲骨的发掘工作。这样一直到1928年为止，甲骨经历了30年之久的民间无序的自发性发掘和私人收藏的时期。在这一时期中，发生了一些至今都令人扼腕长叹的事。首先，甲骨由刚开始当作论斤贱卖的"龙骨"摇身变为按字论价的宝物，身价陡增百倍、千倍。在利益的驱使下，民间竞相挖掘。30年中出土甲骨较多的有八九批，共70000多片。甲骨片埋藏地下数千年以后变得异常松脆，民间野蛮的发掘造成了大量甲骨片的破碎。更有甚者，有的人为了追逐利益，居然将原本完整的甲骨片弄破，分块出售。这种人为的破坏，给后来的整理、研究工作造成了极大的困难。其次，这段时间内，一些外国人也乘机浑水摸鱼，高价抢购甲骨，使得部分甲骨流出国门。如加拿大的明义士、美国的方法敛、英国的库寿龄和金璋、日本的林泰铺等都曾干过这种勾当。这30年对于甲骨发掘来说，虽然也有收获，但造成的损失却是灾难性的，而且是无法弥补的。

1928年10月起，甲骨的发掘进入了第二个时期，从此，一改过去无序的野蛮发掘，开始由当时的中央研究院历史语言研究所进行科学的发掘。到1937年抗日战争爆发为止，研究所先后在安阳小屯村及附近地区进行了15次科学发掘，获得有字甲骨共计24919片。另外，当时的河南省博物馆也组织了两次发掘工作，获得有字甲骨3656片。这两部分甲骨共计30000片左右，解放前夕都被转运到台湾去了。抗战爆发后不久，安阳便落入敌手。从此一直到中华人民共和国成立，甲骨发掘经历了一段灾难时期。在此期间出土的甲骨，大多数被帝国主义掠夺而流散国外，只有少部分为京沪两地公私收藏家购得。

中华人民共和国成立，标志着甲骨发掘工作进入了全新的时期。中国科学院在安阳小屯村组建了工作站，1950年起开始了新中国在殷墟的科学考古发掘工作。到1966年的16年时间里，虽然仅发现6片有字的甲骨，但意义却非同寻常，因为6片中的5片是在小屯以外的地方发现的，这就有力地证明了甲骨并非仅藏于小屯一处。1973年在小屯南地的一次发掘，是1950年以来获得有字甲骨片数量最多的一次，共计4800多片，而且这批甲骨有明确的地层关系，并伴有不少陶器。这种地层关系对于甲骨的分期断代有着十分重要的价值。

从19世纪末叶甲骨文的首次发现，一直

到1976年"文化大革命"结束,所有出土的甲骨片,无论发现于小屯村,还是周围的其他村庄,它们都是殷商时代的遗留物。这使得人们渐渐不自觉地形成了甲骨文是殷商时代"专利品"的看法,那么其他时代是否真的就没有甲骨文了呢?考古学界的新发现为我们做了很好的回答。1977年对甲骨文的考古发掘来说是一个大喜的年头,在陕西岐山原西周京都的旧址出土了大批有字甲骨片。这批甲骨文的出土,彻底打破了只有商代有甲骨文的神话。西周甲骨文传承商代遗风,笔画更加纤细有劲,字形细小,规整而巧丽,标志着当时微刻技术已经达到了很高的水平。继西周甲骨文的发现之后,20世纪90年代考古学界又在西安市西郊斗门乡花园村先后两次发现比殷商时期更为原始的甲骨文。它们是在一个原始社会遗址的发掘过程中出土的，据考定时间，要比殷墟甲骨早 1200 年以上。这一考古发现证明，甲骨文在距今 4500—5000 年以前就已存在了，汉字起源的时代也许比我们原来认为的要更早。

甲骨文的由来

晋代有一位大文豪名叫左思,他殚精竭虑,精心构思十年,终于写出了一篇名垂千古的文学作品《三都赋》。陆机也是当时的一位大文豪,成名在左思之前。他原来也曾想写一篇类似的文学作品,当听说左思在写时,他觉得很好笑,心想:你左思是个无名之辈,居然也想创作这样的文学作品,真是不自量力!等着瞧吧,你写出来的东西肯定是废纸一堆,只能用来盖盖酒坛子!但是,等到左思的作品问世,自负的陆机拿来一读,可傻眼了!这部作品是如此的精妙绝伦，简直无懈可击，自己是无论如何也写不到如此高的水平。连陆机都自叹不如，作品当然轰动一时了。于是，京都洛阳的豪贵之家纷纷传抄吟诵。这下可乐坏了纸商们。他们趁机哄抬纸价，以致洛阳纸张变得金贵起来。后来就有了"洛阳纸贵"这个成语，以此来形容著作风行一时，流传很广。

文章再妙，没有纸传抄，仍然无法广泛传播。常说的文房四宝——笔墨纸砚，纸就是其中之一。可见当你要写点儿什么的时候，纸是必不可少的。纸是写字作画的一种十分重要的载体。但是直到东汉蔡伦革新造纸工艺，发明了"蔡侯纸"，纸张才得以广泛应用。你肯定要问："没有纸怎么写字呢？"别急，古人自有古人的办法，他们用布帛、竹简等作为字的载体。虽然没有今天使用纸张那么方便，但毕竟还是解决了写字的燃眉之急。我们这儿所说的甲骨文、金文，其实也是给那些出现在特殊载体上面的汉字取的名字。

先说甲骨文吧。所谓甲骨文，就是刻写在乌龟甲壳和兽骨上面的汉字。"好端端的，干吗把字刻写在龟壳、兽骨上？"你不禁要发问了。这当然是有原因的，而且这个原因反映了当时重要的社会风俗。

"天灵灵，地灵灵，妖魔鬼怪快快来……"巫婆、道士一边念念有词，一边手舞足蹈，似乎他们真能捉鬼驱邪。这样的镜头我们偶尔可以在影视片中看到，在现实生活中却再难目睹。但是，要把时光拉回到几千年前的商代，情况就大不相同了。与巫婆、道士的迷信相比，商代有过之而无不及。确切地说，甲骨文就是迷信的产物。

商代人非常迷信，即使是统治者也不例外。身处原始落后的时代，自然界的一切现象都不可能得到合理解释，人们普遍认为世界是由超自然的天、神主宰，天、神就成了顶礼膜拜的对象。天意不可违，所以遇事就得问问天意。天意是可以通过一定的征兆传给人类的，于是就有了占卜，因为当时人相信通过占卜可以了解天意。考古材料显示，我们的祖先在新石器时代就开始占卜了，到了商代，占卜之风仍然盛行。统治者事无巨细，都要先占卜一下，看看吉凶如何，诸如天会不会下雨，农业会不会丰收，打仗能不能得胜等，甚至于生育、做梦也要占卜一下。

占卜不能凭空去做，需要使用特殊的材料。商代人占卜时选用的材料是乌龟腹部的硬甲、背甲以及牛的肩胛骨〔见图（八）〕，偶尔也选用其他兽骨。甲、骨取来后，经过一定的处理加工，就可以占卜使用了。占卜时，先在甲、骨背面钻凿出一些小坑，但不能洞穿甲骨。然后在小坑处烧灼加热，加热到一定的程度，甲、骨表面就会因热而"噼啪"爆裂，产生不规则的裂缝。古人就依据它来判断吉凶，这就是占卜了。在你看来这也许什么都不是，但古人可相信得很呢！

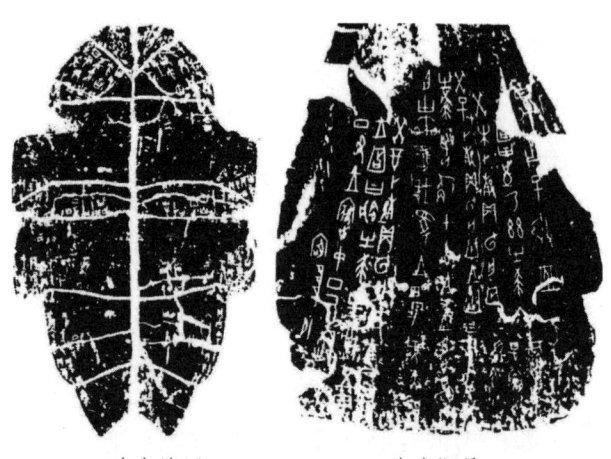

乌龟腹甲　　　　牛肩胛骨

图（八）

现在出土的新石器时期卜骨上没有文字记录，大概当时汉字还处于萌芽状态。到了商代就不同了，占卜由专人负责，而这些人也都有一定的文化水平。因此，占卜完毕，他们通常要将占卜的日期、占卜者、占卜的事由以及吉凶等情况用刀刻写在卜甲、卜骨上，甚至连占卜后吉凶应验与否的情况有时也会补刻上去。占卜用过的甲、骨当然要集中存放，专人管理。随着商王朝的覆灭，这些甲、骨也被人遗忘而最终埋入地下。直至近代，这些甲、骨片才又重见天日，成了研究商代史和古文字的稀世珍宝。

甲骨文与迷信活动占卜有着不可分割的联系，因为它所记录的内容绝大多数与占卜有关。因此，甲骨文又可称作甲骨卜辞；又因为甲骨文早先都是在商代都城废墟中发现的，所以也叫作殷墟文字。

金文的由来

再说金文,你可千万不要以为是金子做成的汉字,其实才不是呢!"金"这个字在古代跟今天的意思有些不一样,除了指金子,还可以指铜、银、铁等金属,总之一句话,"金"就是金属的总称。不知你是否注意过"固若金汤"这个成语,其中"金"用的就是这个意思。金文之"金"特指青铜器,所以,金文确切地说是指我国商周时代刻铸在青铜器上的汉字。因为这些汉字多见于钟鼎之上,因此以前又称钟鼎文。钟鼎不能包括所有的青铜器,相

金文的由来 > 45

比之下，金文之称更具有概括性，也更为人们所接受。

甲骨文是有关占卜事宜的记录，那金文又是因何而有的呢？要回答这个问题，不可避免地要涉及青铜器的演变与发展。青铜器是社会经济政治发展到一定阶段的产物。早期的青铜器主要是供人们使用的，诸如各类工具、兵器等。后来随着社会的发展，等级森严的奴隶制逐渐形成，经常用于祭祀等的青铜器具便被赋予了特殊的意义，那就是通过它们可以分辨尊卑贵贱。我们今天常以"一言九鼎"来形容一句话能起到重大的作用，"九鼎"为何能表示起重大作用的意思呢？这与青铜器在奴隶社会的特殊功用有着密切的联系。传说夏代禹王用九州之铜铸造了九只鼎，九鼎历代相传，成了奴隶社会权力的象征。谁拥有了九鼎，谁就拥有了天下的权力，谁就是天子。甚至后来有天子九鼎、诸侯七鼎、大夫五鼎、士三鼎之类的等级。

九鼎既然这么重要，当然谁都想得到它们，但是要得到它们又谈何容易！没有雄厚的实力，连这种念头都不应该有。古籍《左传》中记载了公元前606年的一件事，当时楚国国力大盛，派兵一直打到周天子的鼻子底下，并在那儿阅兵示威。周定王派人去慰劳楚君，楚君不尽臣礼，不向周天子表示应有的敬意，反而向使者问起了九鼎的大小轻重。九鼎是天下权力的象征，也是你楚君配问的吗？但楚君就是问了！他用这种方式告诉周天子：你不行了，天下的权力该归我了！可怜周天子当时势单力薄，虽然身为天子，却对楚君无可奈何。后来"问鼎"就成了篡位或取而代之的代名词，并一直沿用至今。因此，我们可以这么说，青铜器作为一种特殊的历史文化现象，已深深地融进了我们古老的汉文化之中。

作为可以代表不同等级的青铜器，在商周时代占有如此特殊的地位，人们自然对之重视有加。于是，刻有族名、作器人名、受祭人名、器名的青铜器产生了，随后，刻有祭祀典礼、颂扬祖先、征伐功绩、赏赐分封、训示臣下、刑书契约等较长文辞的青铜器也应运而生。迄今为止，发现字数最多的一篇金文是西周晚期的毛公鼎，共有497个字。这些青铜器流传至今，我们便得以见到铸刻其上的特殊汉字书体——金文。金文所反映的内容要比甲骨文丰富得多，涉及政治、经济、宗教、技术等诸多方面。与甲骨文一样，它们也是今人研究

商周历史和古汉字必不可少的珍贵资料［见图（九）］。

商四祀邲其卣底铭（摹本）

西周我方鼎铭文

图（九）

甲骨文与金文的关系

甲骨文和金文是我们今天所能见到的较为古老的汉字形体，它们的字形原始、古朴，象形性的特点尤为突出，字形还都没有十分稳定，诸如笔画可多可少，形体大小不拘等。这些特点都可从图（十）看出。

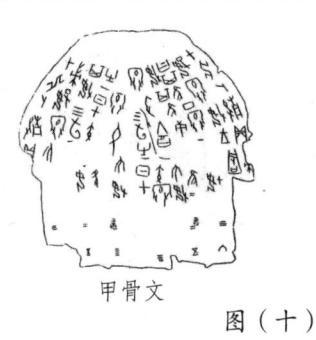

甲骨文　　　　　　　金文

图（十）

虽然甲骨文和金文有许多共同之处，但它们毕竟是两种书体，书写的手段和文字的载体都不相同，因此在字形方面两者也存在着明显的差异。

从图（十一）的对比中可以发现，金文中有许多类似图画的文字画，尤其是用作族名的金文。它们的笔画大多呈块面状，有的干脆是把事物的图形真实地描画出来，如"鸟"和"步"字，要是在其他什么场合，说不定你会把它们当作图画看待。这类金文的象形性最强。与之相比，甲骨文的象形性要低得多。

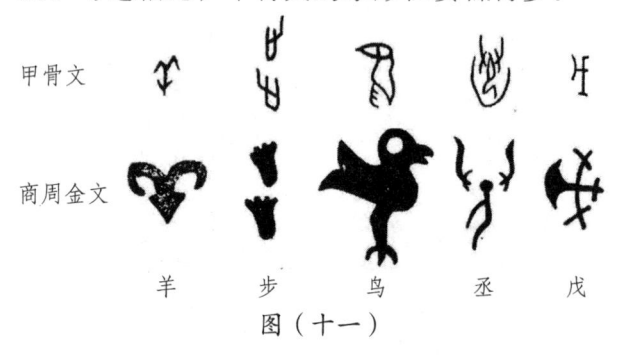

甲骨文

商周金文

羊　步　鸟　丞　戉

图（十一）

甲骨文和金文的区别还明显地表现在笔画的弯曲之处，一般说来，甲骨文在笔画的弯曲处多呈现方折趋势；金文则多为圆弧形，看上去圆润、流畅。

这种差别在图（十二）中得到了充分的体现，尤其是"见"字中的眼睛、"牧"字中的牛角最能体现各自的笔画特征。参考了图（十一）、图（十二），我们也可以看出，甲骨文的笔画大多瘦细硬挺；金文的笔画一般都较为粗重规整，而且大多中部粗，首尾纤锐出锋。

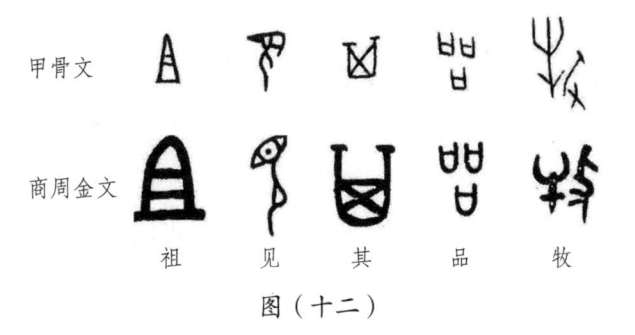

甲骨文					
商周金文					
	祖	见	其	品	牧

图（十二）

归根到底，甲骨文和金文字形的差异主要是由不同的书写方式造成的。商代统治者事无巨细都要占卜，频繁的占卜势必要求频繁地刻契卜辞，而要在坚硬的甲骨上刻字是很费工费时的。为了能应付频繁的占卜，刻契者只能采用较为方便简捷的办法从事刻契。这样就形成了甲骨文特有的字形特点。

金文是铸刻在青铜器上的，工匠们在制作模具时，可以有充裕的时间将文字镌刻其上。另外，青铜礼器在那个时代的特殊地位，客观上也要求使用较为规整的汉字。

从时代上看，甲骨文要早于大多数的金文。过去有很多人就凭此而认为金文是从甲骨文演变来的。其实这种看法与事实并不相符。从字形上看，相信我们都会感觉到，金文更加象形，显示出浓重的图画性和原始性。另外，用刀刻字也不是当时正常的书写汉字的方法。考古发现，我国使用毛笔作为书写工具，至少已有三四千年的历史。看来商代书写的主要工具应该是毛笔，字体当然不会与甲骨文一样。有趣的是，出土的甲骨片中已经发现有用毛笔书写的汉字，字形与金文相似。虽然这样的甲骨片数量极少，但却足以让我们得出一个重要的结论：金文是当时的正体字，是用在比较郑重场合的正规字体；甲骨文是日常使用的、比较简便的字体。

战国时期的汉字发展

话说公元前 475 年，中国在经历了孔子称为礼崩乐坏的春秋时代之后，周天子早已经名存实亡，各诸侯国独自为政，称霸一方，中国进入了第一个四分五裂的历史时期，即战国时期。到公元前 221 年秦始皇统一六国，战国时期经历了 250 年。这是一个战火频仍的时代，也是一个精彩纷呈的时代。秦、齐、楚、韩、赵、魏、燕，战国七雄哪个都梦想成为天下的霸主，为此七国间展开了长期而复杂的殊死搏斗。为了富国强兵，各国纷纷网罗人才，中国出现了历史上少有的"百花齐放,百家争鸣"的局面。这样的一个时代,汉字字体也随之发生了很大的变化和发展。

七雄各自为政,造成了区域间的暂时隔离。在这种相对封闭的环境中,七国的汉字由原来一统的字体开始走向分歧,并逐渐表现出各自不同的特点。这段历史时期的汉字书体就是战国文字。

秦国是建立在周王朝旧地的一个诸侯国,地处西僻,最初较为落后。与其他六国相比,秦国是最忠实地继承西周汉字书体的国家,后来秦国又统一了六国,因此,秦系文字在战国文字中自成一体,占有重要的地位。其他六国的汉字书体与秦系文字表现出了很不相同的特征,一般被称为"六国文字",以区别于秦系文字。不过你千万不要误解,六国文字并不是真的就有6种明显不同的书体，其实只有4种。原因是韩、魏、赵三国是由春秋时期的晋国三分而成的。家是分了，但在经济、政治、文化等各方面依然存在着割不断的亲缘关系，在书体方面也是如此。所以，人们常常不分称这三国，而合称它们为"三晋"。

商代、西周时期的汉字，今天只能主要从甲骨片和青铜器上见到。但战国文字就不同了。战国时期毕竟距离今天相对近了些，所以遗留下来的实物上的文字资料要比商代和西周前期丰富得多。除了与前代相同的金文以外，还有印章文字、货币文字、陶器文字、石鼓文字、刻石文字、简帛文字等，另外还有文献中保留下来的战国文字材料。

说到战国的文字载体，竹简不能不单独提一下。大约在商代初期，竹简就已作为主要的书写材料，只是由于竹简与铜器、甲骨相比更容易损坏、腐烂，使得我们今天难觅早期竹简的踪影。一般说来，竹简削成后要先用火烤炙，让其水分蒸发，这道工序叫汗青，取其水分蒸发出竹面像人出汗之意。汗青可以使竹简干燥，便于书写；也可以防止虫蛀，便于长久保存。将单片竹简用绳子或熟牛皮编结起来，就成了册。一片竹简多则可写几十个字，要是写一本几十万字的著作，所需的竹简数量之多不可想象。《史记》中记载这样一件有趣的事，汉武帝时有位文士名叫东方朔，他博学善辩，刚到都城长安时就给公车（掌管征召的官）上了一封自荐书，总共用了三千简牍，结果两个人使出吃奶的力气才勉强把这些简牍抬起来。可见简册使用起来很不方便，与今天的纸张无法相比。不仅如此，编结简册的绳子天长日久，也很容易断开，这给保管典籍又带来了很大的不便。《论语》里说孔子晚年专精于《周易》，经常翻阅，以至于"韦编三绝"，"韦"就是熟牛皮。牛皮编结的简册尚且经常断开，更不用说普通绳子了。但不管如何，在没有纸的年代，竹简廉价易制，仍是其他书写材料无法比拟的。不仅如此，竹简埋在地下，耐腐性优于纸张，这使得距离战国时期几千年的我们仍能见到当时的竹简典册［见图（十三）］。

到了战国时期，奴隶制进一步瓦解，社会经济、政治、文化诸多方面都得到了飞速的发展。在这种形势下，汉字的使用面不断扩大，使用频率也不断增加。先前那种凝重、正规又不便于书写的汉字字体，显然越来越不能满足人们交往使用的需要。于是除秦国以外的六国

战国时期的汉字发展

郭店楚简　　　包山楚简

图（十三）

率先出现了改变正统汉字形体的冲击波，不很规范的俗体字在社会上广泛流行。这种便于书写的俗体字不再过多地顾及汉字的象形性，向汉字的符号化迈进了一步。汉字笔画的简省是六国文字的最大特点，但由于地区的差异，一个字往往有不同的写法。

从图（十四）可以看出，这些字形已基本失去象形性，尤其是"马"字，除了楚系中有一个字形还稍微有点儿象形的意味外，其他字形与先前的甲骨文、金文相比，真可以说是面目全非了。

	齐	楚	燕	三晋
马				
安				
者				

图（十四）

相比六国文字，原先的正统书体显得苍白无力。著名古文字学家裘锡圭先生说："在战国晚期，至少在某些国家里，俗体字已经在很大程度上取代了传统的正体字。"真是战国风云多变，汉字也经历了一番巨变。当然，由于这种变化过于剧烈，也由于后来六国文字被秦始皇废止，今天我们在释读出土的六国文字材料时遇到了许多麻烦，有些字的音义至今仍无法知晓，有待于进一步探索、研究。

文字形体的第一次规范化

公元前221年,秦始皇凭借其雄厚的国力消灭了其他六国,实现了天下的大一统。为了巩固中央集权,秦始皇采取了许多强有力的措施,"书同文"就是其中之一。所谓"书同文",就是要统一天下的文字,即废止六国文字,推行在战国秦系文字基础上整理出来的正规书体——小篆。由于六国文字歧义太多,影响了各地区之间在经济、文化等方面的交流,也由于秦系文字较多地承继了商周汉字的正统字形,所以"书同文"顺利地得到了实施,小篆成了天下公认的正规书体，六国文字则随着时代的推移而逐渐退出历史舞台，变成了历史的陈迹。

在统一全国文字之前，秦国首先需要对自己的文字做一番整理。秦国大臣李斯、赵高以及太史令胡毋敬分别编撰的《仓颉篇》《爰历篇》和《博学篇》就是整理工作的具体体现。这三种类似识字课本的书中所用的字体就是小篆，也是当时推行"书同文"措施的标准字体。可惜这三本书没有能够流传至今，秦代的篆文只能从其他一些实物上略睹其风采。

图（十五）<1>是峄（yì）山刻石摹本，<2>、<3>都是印章。除此以外，在兵器、量具、陶器、漆器上也可以见到一些秦代的篆文。像图（十五）<1>的字体是秦代篆文的典型代表。

李斯等人整理出来的小篆当然不会是凭空

创造出来的,而是在继承前人的基础上得来的。这个基础就是秦统一全国前的春秋战国时的文字。反映春秋战国秦文字的实物很多,其中与小篆有着密切关系的是石鼓文和诅楚文。

图(十五)

石鼓是唐代被发现的,出土地点是今天陕西省凤翔县境内,共有10块石头,据考证可能是秦国的器物。因为这些石头形状像鼓,古人就称之为石鼓,上面的文字自然就叫石鼓文了。经过了1000多年,这10个石鼓虽然全部保存下来了(现在存放在故宫博物院),但上面的文字已被破坏过半。石鼓文很少涉及历史史实,但却有很高的文学价值,更是研究秦国文字的有用材料。

诅楚文,顾名思义就是诅咒楚国的文章。秦国为什么要诅咒楚国呢?原来在战国时,楚怀王曾带领六国的军队围攻秦国。秦国对此恨之入骨,一方面在战场上与他们兵戎相见,一方面又使巫祝之类的人装神弄鬼,祈求神灵降祸楚军,惩罚他们。这些祝祷的话刻在石头上就形成了所谓的"诅楚文"。相传诅楚文是在北宋年间被发现的,共有3块刻石,现在已经全部失传,只能见到刻石的摹刻本。对于诅楚文的真实性,现在有很多学者提出怀疑,有的认为诅楚文是秦汉以来的常见碑刻篆文稍加变化伪造而成的。结论到底怎样，还有待进一步探讨。

小篆与石鼓文相比有两种明显的变化。第一个变化是小篆字形进一步趋向规整、匀称，象形程度进一步减弱。

石鼓文　　　　　　　　　　　

小篆

为　　角　　灶　　涉

图（十六）

图（十六）的"为"字，石鼓文大象的腿和尾巴还稍有分别，略具象形性；小篆字形则将腿的笔画下引与尾巴笔画齐整，字形变得匀称、整齐，象形性则进一步丧失。在"角"和"灶"两个字中，小篆丧失象形性的趋势则更为明显。石鼓文的"涉"字，虽然"止"已很少象形性，但河流仍横在两"止（脚）"之间，涉水之义在字形上仍有生动的体现；到了小篆，"水"字移至左面，从字形上已不能看出字义。

第二个变化是小篆笔画趋向简化，方便了书写。

| 石鼓文 | | | | |
| 小篆 | 吾 | 道 | 中 | 草 |

图（十七）

通过图（十七），某些字从石鼓文到小篆繁简的变化可以一目了然。

值得注意的是，上面两种变化并不是从李斯等人整理出来的小篆开始表现出来的，而是在战国时代的秦国文字中就已经显现出来。例如秦统一前铸造的新郪（qī）虎符（虎符是古代朝廷用来传达命令、调兵遣将的一种凭证）和杜虎符，上面的铭文字体与统一后的篆文几乎没有差别［见图（十八）］。可见小篆与秦统一前的秦国文字之间并没有绝对的分界线，它是在春秋战国时期秦国文字的基础上逐渐演

新郪虎符

杜虎符

图（十八）

变而来的。秦国统一天下后，李斯等人为了推行"书同文"的措施，只是对当时的秦国文字做了整理、统一的工作，而没有做创新的工作。

小篆虽然象形程度已不能与甲骨、金文以及西周春秋的字形同日而语，但它毕竟还保留了古汉字的基本书写笔法，有些字还具有一定的象形性，所以，我们一般仍把它归入古汉字的范围。与小篆相比，隶书就很不相同了，它更多地具备了今天文字字形的特点。

程邈与隶书

传说秦始皇统治时期有一位了不起的人，他的名字叫程邈（miǎo）。此人学问很大，聪明绝顶。几乎是在李斯等人整理秦国篆文的同时，他创造出了一种新的汉字书写体——隶书。隶书是什么样子？大概你一定想先睹为快，那我们就先看几个隶书汉字吧！

鸟亦步逐物

图（十九）

"嚄，隶书原来就是这个样子，看上去与

现在的楷书已经没有太大的差别了。"你说得没错，隶书的确已不像小篆那样笔画圆曲、具有象形意味，楷书的基本笔画横、竖、撇、捺、点等，隶书都已基本具备。隶书与小篆之间的差异是巨大的，如果说小篆与甲骨文、金文相比，象形性已十分微弱、符号性得到大大增强的话，那么隶书与小篆相比，其间的变化之大是前者远不能比的。因为隶书根本不再顾及汉字的象形性，只是把它当作记录汉语的一种符号体系。从隶书开始，汉字基本上跨进了今文汉字的大门，隶书在汉字书体的演变过程中，具有里程碑式的重要意义。

隶书的意义是如此的重大，就难怪历代都对程邈褒扬有加，只差一点儿没把他说成仓颉再世。但时至今日，我们对程邈的评价却远远不如前人了。这是为什么呢？

其实，程邈一个人发明不了隶书，就如仓颉一个人不可能创造出全部汉字一样，隶书早在战国时期就已萌芽、产生，根本不是在秦始皇统一中国以后才产生的。说汉字不是仓颉造出来的，我们大多只能根据贫乏的出土资料进行推测；而说隶书不是程邈发明的，我们则可以用大量的出土文物加以证明。要说清这个问题，我们仍得把视线转移到战国时期。

战国时期，秦国一方面在正式的场合使用正规书体——篆文，诸如国家颁布的政令等；另一方面在日常使用汉字的时候，往往为了图方便、省事而不断改造正规的字形。这样，当时的秦国实际上存在着正规的和日常通俗的两种书体。这种情况也有些类似于我们今天汉字使用的状况，有按照规范使用的印刷体，也有日常使用的手写体，两者之间不尽相同，却又相辅相成。秦国的正规书体与俗体之间的差异远比我们今天大。

秦国正、俗两体同时并用的情况,在秦孝公时代就已经出现。后来随着文字使用越来越频繁,俗体的流行程度也越来越强,以至于在兵器铭文、漆器铭文、印文、陶文等里面都可以见到俗体字的身影。这些俗体字普遍用方折的笔画去改变正规篆文的圆弧形笔画,俗体字成了隶书产生的基础。

要说反映秦国的俗体字的风貌,没有什么比得上睡虎地秦墓竹简。1975年,我国考古学界有一个重大发现,这就是在湖北省云梦睡虎地发现了古代墓群,其中在十一号秦墓中出土了1155支竹简。这是有史以来第一次发现秦国简册,而且数量多,内容也十分丰富,涉及历史、政府文告、法律、术数等方面。更珍贵的是，这批简册全用毛笔书写，字体则与小篆迥然有别，是当时已经广泛使用的俗体。从这批竹简的字体看，当时隶书已基本形成，它们与西汉早期的隶书几乎没有什么差别。

睡虎地秦简抄写于战国末年至秦代初年，这说明隶书在战国晚期就已形成，而不是秦统一六国以后，更不会是程邈发明的。不过隶书在逐渐形成的过程中，经常使用文字的官府书吏之类的人一定发挥过重要的作用，也许程邈就是其中突出的一个，也许程邈的确对俗体字做过一些整理工作，于是后人夸大了他的作用，最终把隶书的发明附会到他的身上。

秦简书体虽然标志着隶书基本形成，但它毕竟是早期隶书，还不是完全成熟的隶书，其中有些字的写法仍然接近于小篆，这样的状况在西汉早期的隶书中也还能见到。但不管怎说，隶书书写起来要比小篆方便、简捷得多，虽然秦代小篆是主要书体，但在日常使用的广阔领域中，隶书一定占了主导地位。隶书为人们普遍接受，也就意味着她离取代小篆而成为正式书体之时已经不远。事实也正是如此，在秦王朝以小篆统一全国文字后没有多久，代之而起的西汉就确立了隶书作为正式书体的地位。从那以后，小篆就只出现在刻石、印章等少数场合，成了一种极为次要的书体。

在隶书成为正式书体以后，又经历了一段由不完全成熟到成熟的发展过程，西汉武帝时（公元前140年—前87年）可以看作两种隶书的交替过渡阶段。前一阶段的隶书一般称为"秦隶"或"古隶"，成熟的隶书则称为"汉隶"或"八分""分书""分隶"。图（十九）就属于汉隶。汉隶在字形笔法上大致有如下特点：字形一般都是扁方而规整；撇、捺往往都略向上挑，横画略呈微波起伏之势，起笔常有下垂的顿势，收笔时上挑出锋，"蚕头燕尾"指的就是这种笔势的横画。

图（二十）是东汉时的碑刻，它们都是成熟的隶书，上面所说的笔法特点在这些碑刻中

《曹全碑》　　　　《张迁碑》

图（二十）

得到了充分的体现。如果你有兴趣的话，不妨拿起毛笔来，按照隶书的笔法特点运笔，看看你写出来的字是不是有点儿隶书的味道。

小篆与隶书的差异

由篆文到隶书,是汉字形体演变史中最重要的一次变革,这一变化一般也称作"隶变"。隶变使得汉字的面貌发生了极大的变化,对汉字的结构产生了很大的影响。

图(二十一)<1>是由原来小篆的一种形体偏旁分化出隶书的5种不同形体的偏旁,即所谓一篆变数形;<2>正好相反,是数篆变一形。又如:图(二十二)<1>是隶书把篆文的两笔并为一笔(如"大"),或者把两个以上的偏旁或偏旁所包含的部分合并起来(如

"襄""遷""無"）；<2>则是隶书直截了当地省去篆文字形的一部分而使得字形简化。

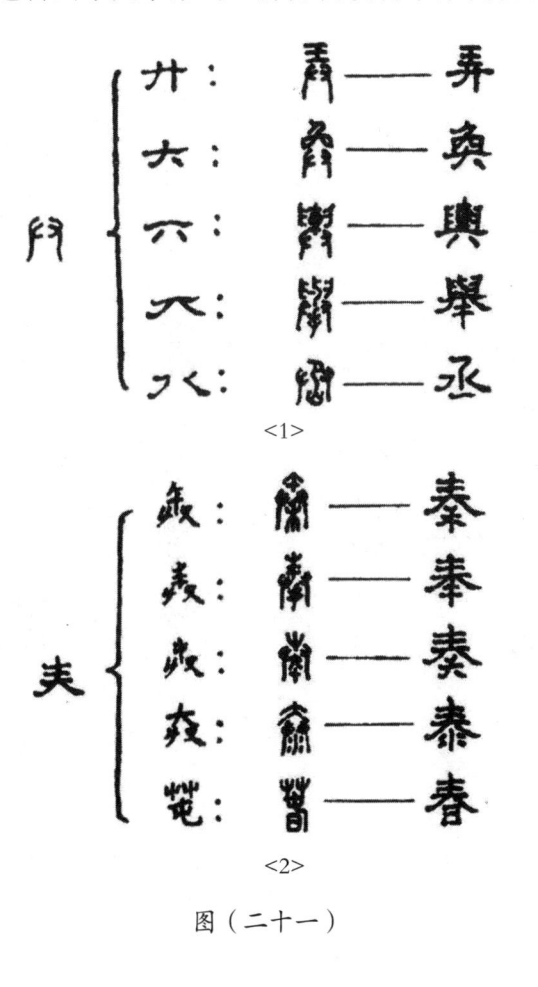

图（二十一）

隶书就是这样一种书体，它不再顾及汉字的形象性，一切为了书写的方便简捷。从此以后，汉字虽然仍未脱离表意文字的体系，但字形已基本丧失象形意味，而且许多汉字不能再用象形、会意、指事、形声四种结构形式去分析字形。

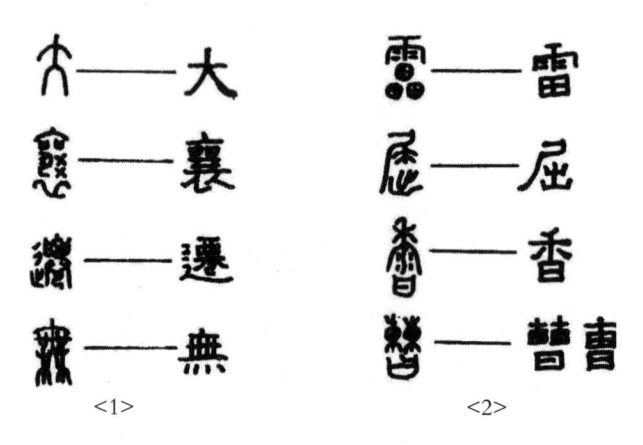

大——大
襄——襄
遷——遷
無——無

<1>

雷——雷
屈——屈
香——香
曹——曹

<2>

图（二十二）

楷书的形成过程

楷书，这是个十分熟悉的名词，每当打开课本、阅读书报杂志时，映入我们眼帘的无不是汉字楷书的身影。比起以前的书体，楷书笔画的简易方便最为显著，楷书使得我们使用汉字更为自由、方便。作为一种正规书体，楷书在使用方面的优越性是以前的所有汉字字体都无法比拟的。楷书更能体现出汉字书体成熟的魅力。

"楷书是从何而来的呢？想必是从隶书发展来的。"你自然地会做出这样的推断。没错，楷书是从隶书发展而来的。不过两种书体之间的演变过程并没有我们想象的那么简单，尤其是要把楷书的产生跟草书联系起来，恐怕你会觉得丈二和尚摸不着头脑了。

原来人的求易欲望是没有止境的，金文难刻，就有了笔画相对简易的甲骨文；春秋战国时的正规书体难写，就有了简化纷异的六国文字；秦国篆文难写，于是又有了简便易写的隶书。我们先人的求易欲望并没有因为隶书成了正规书体而停止，哪怕隶书比篆文写起来更为方便，但时间长了，人们又觉得隶书写起来麻烦。怎么办呢？于是在汉代，以隶书作为正规书体的同时，在日常使用中，人们又开始使用起一种新的书体来。这种书体就是在隶书俗体（草率的隶书）基础上形成的，形成时间大约在西汉元帝、成帝之时，也就是说与汉隶的形成时间大致相仿。这种书体后人给她起名叫"章草"［见图（二十三）］。"章"有条理、法则等义，章草的得名大概就是源于此。

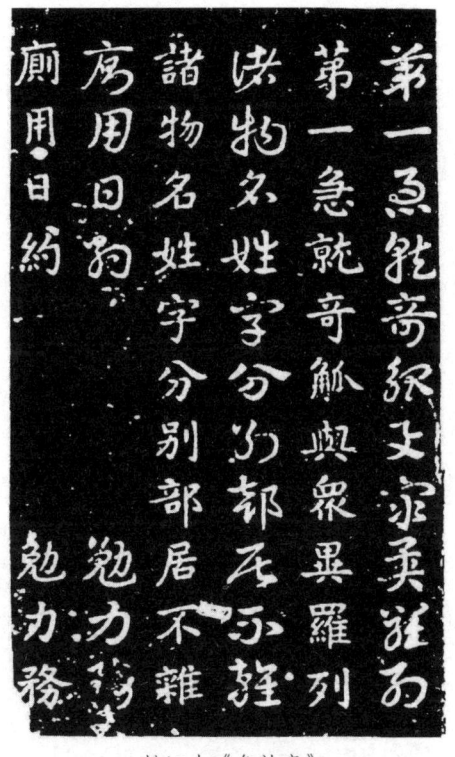

松江本《急就章》

图（二十三）

章草是辅助隶书的一种简便字体，起草文稿、通信之类的场合使用这种书体最为多见。与隶书相比，章草形成前的群众基础不如隶书广泛，加上字形过于简单，一些字彼此容易混淆，所以这种书体最终没有能够像隶书取代篆文那样，取代隶书而成为正规书体。

　　章草虽然没有成为正规书体，却为后来楷书的产生打下了一定的基础。大约在东汉中期以后，汉隶又进一步发展变化，产生了一种日常使用的俗体隶书。这种书体很大程度上抛弃了汉隶收笔时上挑的笔法，同时吸收了草书的笔法，例如较多地使用尖撇。这种隶书现在一般称为"新隶体"。新隶体呈现出了由汉隶向楷书过渡的面貌。

　　这种在汉隶和章草基础上形成的新隶体，在东汉以后曾一度十分流行。汉魏之际，在新隶体流行、章草处于向今草（比章草更草、更不易辨认的一种草书体）过渡的同时，又出现了一种非隶非草的新书体，这种新书体就是比新隶体更接近于楷书的早期行书。

有了早期行书这一基础，楷书也就呼之欲出了。如果把规整一些的早期行书写得端庄一点儿，把早期行书里已经出现的横画收笔用顿势的笔法普遍加以应用，再加一些捺笔和硬钩的使用，最初的楷书也就形成了。

图（二十四）是钟繇（yáo）《宣示表》的临摹本，历来被看作最早的楷书作品。虽说它已可以算作楷书了，但其脱胎于行书的痕迹依然清晰可辨，如"所""是"等字。钟繇（公元151年—230年）生活于汉魏之间。由此可见，楷书早在汉魏之间就已产生，距离今天已有1700年左右。

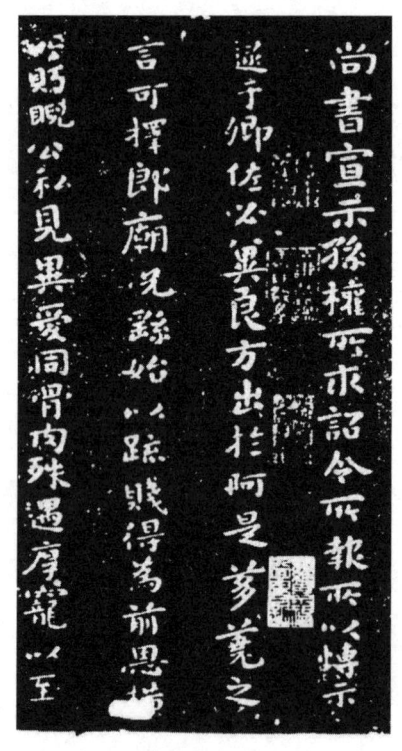

图（二十四）

尽管楷书在汉魏之际已经产生，但那时的楷书与后来的仍不尽相同。而且在楷书刚刚形成之时，它还不是一种流行的书体，甚至在整个魏晋时代使用楷书的人一直很少，主要是一些文人学士，突出的代表人物有王羲之、王献之父子等。当时通行的书体仍主要是新隶体或者是介于新隶体和早期行书之间的字体。这种局面直到魏晋以后的南北朝时期才得到改观。

进入南北朝以后，楷书终于演变成了主要的书体。当时，在钟繇、王羲之父子的魏晋楷书影响下，由新隶体演变出了一种楷书形式。这种楷书在字形和笔法上保留了新隶体的一些比较明显的痕迹，整个字形面貌比起钟、王等人的楷书要古拙一些。这样的楷书在北朝的碑刻、墓志等实物上长期占据了统治地位。由于使用这种楷书的北魏碑志数量很多，所以后人就称这种楷书为"魏碑体"。例如图（二十五）。

南朝到了齐、梁时代，开始出现与钟繇、王羲之父子等人的楷书十分近似的楷书。可以

<1> <2>

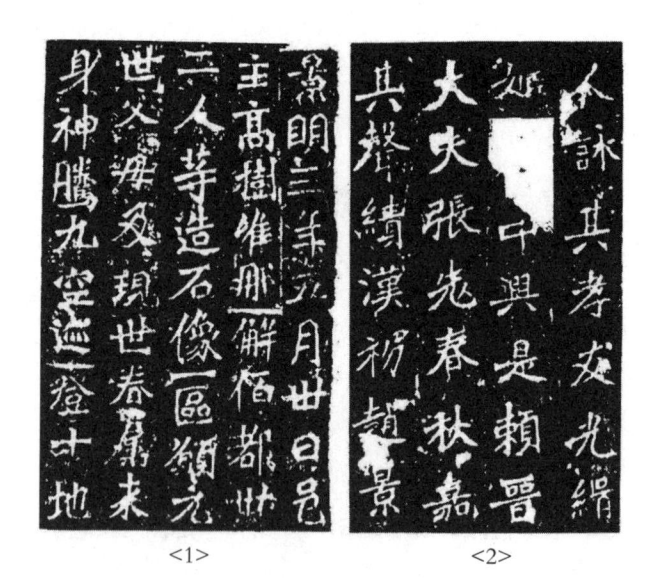

图（二十五）

说楷书在绕了一个圈子以后，又走上了返璞归真的道路。因为这种楷书脱胎于行书，作为碑刻正体来使用，总会给人一种不够庄严、稳重的感觉，于是南北朝时的人在刻碑志时总要将这种楷书做些改造，例如图（二十六）。

但是，南北朝人仅仅做了些小修小改的工作，与钟、王的楷书相比，面貌还没有太大的

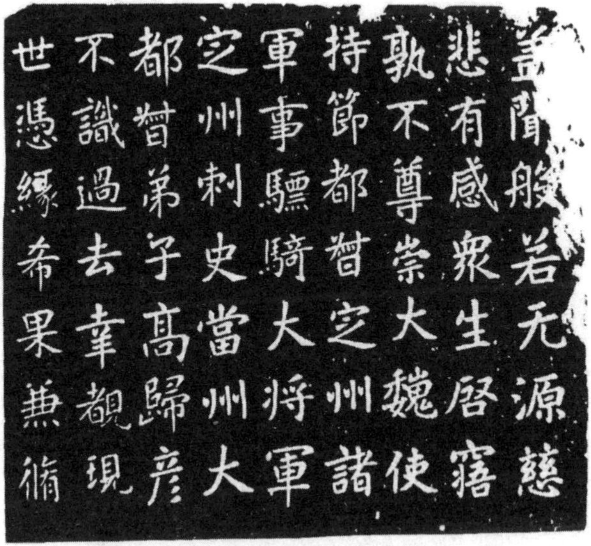

《高归彦造像记》

图（二十六）

改观，离成熟的楷书还稍有距离。真正完成改造工作，要到唐初的欧阳询。古人对欧体楷书的评价很高，说他的楷书每一点、每一画都具有法度，没有一点儿迁就、随便的味道。是不是真的？看了图（二十七）以后，你就可以自己判断了。

图（二十七）

拓片虽不十分清晰，但字体的端庄、规整确实是图（二十六）无法相比的。发展到这里，楷书算是真正定型了。

楷书形成后的汉字发展趋势

从唐代楷书真正定型后，汉字的字体就再也没有很大的变化了，直到今天我们仍在使用这种书体。书体是定型了，但人们的求易欲望却一刻也没有停止过。书写汉字的求易倾向表现在两个方面：一是将难写的圆弧笔画改造成方折的或平直的笔画；二是简化繁复的笔画。汉字的楷书体基本上解决了第一个问题，人们不再为难写的圆弧形笔画犯愁了，但是笔画的简化仍大有潜力。所以，即使唐代汉字书体楷书定型以后，人们在汉字简化这方面的努力和追求一刻也没有停止过。汉字始终朝着不断简化的方向前进。

宋代以后印刷术的发明，使得我们很少有机会看到古代日常用字的情况。但是，在一些古代的字典中，我们仍可窥见古代用字的一斑。《集韵》是宋代人丁度编的一本字典，反映了唐宋时候的用字情况。这本字典收录了许多民间使用的俗字，这些俗字往往反映出人们求简求易的倾向。例如"邇"可以写作"迩"，"妳"可以写作"妮"，"處"可以写作"处"，"庇"可以写作"庀"等，"迩"和"处"正是我们现在已经采用的简体字；而"妮"和"庀"，其简化程度可让今人自叹弗如。

简化汉字的步伐在中华人民共和国成立后也没有停止过，不仅如此，国家还十分重视这项工作。1956年1月，国务院全体会议第二十三次会议通过《关于公布汉字简化方案的决议》，之后到 1959 年 7 月陆续公布了四批简化汉字，1964 年 5 月中国文字改革委员会汇总编印了《简化字总表》。现在我们使用的规范汉字就是经过这次简化后的汉字。

作者介绍

何亚南

南京师范大学文学院教授，博士生导师，江苏省语言学会副会长。曾获江苏省普通高校优秀中青年骨干教师称号、中国社会科学院青年语言学家奖等。

储泰松

安徽师范大学文学院教授，博士生导师，国家语言文字推广基地（安徽师范大学）常务副主任，安徽省教学名师，安徽省学术和技术带头人，《中国语文》杂志编委。